Lib 42
1415

DÉFENSE
DES FEMMES,
DES ENFANS,
ET DES VIEILLARDS EMIGRÉS,

Pour faire suite à l'Ouvrage

DE M. DE LALLY-TOLENDAL.

Non ignara mali, miseris succurrere disco.
AENEID, lib. I.

A PARIS,

Chez POIGNÉE, Libraire, rue Christine, N°. 11;

Et au Bureau de la Quotidienne, rue de la Monnoie, N°. 24.

1797.

AVANT PROPOS.

LA terreur n'est plus! Ce monstre qui terrassa dix-huit mois durant, la France entière, baignée dans le sang innocent; ce monstre hideux qui osa jusqu'hier nous épouvanter encore des convulsions de son agonie, vient d'être étouffé au sein des assemblées de Germinal, par la réunion des vrais citoyens français.

Graces te soient rendues, Dieu puissant, qui n'as pas voulu que la ruine de cet empire se consommât! gloire à toi, Peuple français, qui, te dégageant des séductions et des fers de tes bourreaux, te relèves aujourd'hui plus grand, plus fort, quoique tes yeux mouillés de larmes expriment de douloureux regrets, et que tes bras étendus vers l'humanité, la justice, te donnent l'attitude touchante qui convient à tes souvenirs et à tes besoins!

Viens, bon peuple, viens prier avec moi : il est encore des milliers de victimes à délivrer ; les femmes de tes frères, tes sœurs, leurs enfans, des vieillards aussi, gémissent errans sur une terre étrangère. Viens, pries avec moi, le ciel n'est plus inflexible, puisqu'il vient de t'inspirer le courage qui assure ton salut : le ciel s'est attendri! les hommes, ces hommes que tu as choisis sur-tout, s'attendriront de même à ta voix suppliante.

La mienne est faible, hélas! Je n'ai que les accens de mon cœur; d'un cœur brûlant sans doute, et surchargé des sentimens les plus vifs comme les plus profonds; mais je manque de cet art exercé qui sait animer, convaincre, entraîner. Je pleure de mon insuffisance!...

Peuple généreux, si tu pries avec moi, qu'ai-je besoin de talens et de magie.

Je t'invite à prier : non que notre vœu soit d'obtenir plus que la justice ; mais dans ces temps de malheurs inexprimables, où tous les poignards ont été portés contre le sein de l'innocence; ce n'a pas été le moins acéré que celui d'une calomnie toujours croissante, vociférée à toutes les tribunes, tellement et si meurtrièrement répétée par les milliers d'échos des cavernes jacobines, que toutes les notions se sont confondues ; qu'on est parvenu à placer la coupabilité là où il n'y a eu qu'actions louables, et le crime là où il n'a existé que vertus.

Ce sera donc du ton de la prière que nous demanderons à nos législateurs actuels de revoir ce grand, ce terrible procès; car sa tâche sera pénible. Il leur faudra le courage indicible de se reporter à toutes les époques de persécutions, d'assassinats, d'atrocités commandées, protégées, impunies, qui ont marqué les phases de notre révolution. Il leur faudra celui de mettre la vérité en évidence, et de rejeter le mensonge à ses auteurs. Il leur faudra encore celui de dégager toutes les imaginations du préjugé funeste que les ennemis de l'ordre social ont presque enraciné parmi nous. Il leur faudra peut-être enfin celui de les combattre encore ; et ce ne sera, je le sais, qu'avec des efforts extrêmes qu'ils parviendront à rendre à l'innocence ses droits. Prions-les donc, supplions-les de l'entreprendre ! Et toi, bon peuple, promets-leur ce qui est digne de ton caractère : promets-leur dans cette tâche si difficile, ton appui, tes encouragemens, tes applaudissemens unanimes.

DÉFENSE

DES FEMMES, DES ENFANTS,

ET DES VIEILLARDS EMIGRÉS.

Je ne me permettrai pas de plaider la cause de tous les Émigrés ; je sens trop que mes forces ne sauroient me maintenir à la hauteur du sujet. Un autre a rempli cette tâche ; M. de Lally Tolendal a mis dans la plus sévère évidence les crimes de leurs persécuteurs, leur acharnement, leur déloyauté, leurs injustices, et les droits de ces intéressantes victimes. Le temps n'est pas bien éloigné, je le prédis avec joie, où presque tous, oui, presque tous, se verront rappelés par la patrie, équitable désormais envers eux; et où ils lui rapporteront tous des cœurs qui n'ont pû se séparer d'elle, des ames éprouvées par de longs malheurs, des sentimens mûris dans la souffrance ; gages certains de paix, d'oubli du passé et de prospérité à venir. Mais ce n'est pas à moi qu'il est réservé de frapper en leur faveur les derniers coups, d'achever d'entraîner l'opinion déjà si fortement ébranlée par l'excellent ouvrage de M. de Lally Tolendal; et quelque penchant que je puisse me sentir à confondre quelquefois peut-être les maris, les fils, les frères, avec leurs épouses, leurs mères, leurs sœurs, et leurs enfans, ou quelque douloureux qu'il me soit de les séparer, je m'imposerai de résister aux élans de tout mon être, de crainte de leur nuire, soit en parlant à contre-temps, soit en ne parlant pas du ton énergique et fortement convaincant, qui fait l'un des principaux mérites de l'œuvre que je cite, et dont je voudrois voir les traits profondément imprimés dans tous les esprits.

Depuis que, par une barbarie sans exemple chez aucun peuple, ancien ni moderne, des femmes ont été enveloppées dans la plus vaste des proscriptions politiques, comme si, dans l'ordre politique elles avaient été ou dû être quelque chose, les mêmes hommes qui ont extorqué leur condamnation, se sont appliqués à justifier cette iniquité si cruelle et si éloignée du caractère national, en leur criant le chimérique devoir des vertus fantastiques, et en leur attribuant une *prescience* au moyen de laquelle ils ont dû travestir en acte de rébellion de leur part, la démarche la plus simple, comme la plus libre, au temps qu'elles l'ont faite.

Ecoutez-les : ils professent dogmatiquement que les femmes françaises devoient braver l'aspect de toutes les fureurs, l'effroi de tous les dangers; et ils certifient que dans les décrets des assemblées constituante et législative, qui maintenoient pour tous les individus la liberté d'aller au bout du monde, elles eussent dû prévoir ceux qui depuis ont fait un crime capital et digne de mort, de la sortie précédente du territoire français.

Voyons donc dans quelle source les femmes auroient pu puiser le stoïcisme qu'on feint d'avoir eu droit d'exiger d'elles : nous verrons ensuite si elles ont pu être coupables de désobéissance, en n'ayant pas lu, dans des décrets rendus, ceux tout contraires qui étoient encore à imaginer.

Avant la révolution, qu'étoient les femmes en France? des êtres aimables et aimés, uniquement occupés d'être sans cesse l'un et l'autre. Je ne dirai pas, *des êtres adorés*, quoique cette expression pourroit ne pas sembler hors de mesure, si l'on se ressouvenoit encore de la sorte d'empire qui leur étoit décerné, et qu'à Paris sur-tout, elles exerçoient sans paroître douter qu'il fût légitime. Mais cet empire que la galanterie et la charmante frivolité française s'étoient plû à leur ériger, n'étoit pas, à mon sens, ce qui les ennoblissoit le plus, ni ce qui les élevoit d'avantage.

Les mœurs étoient telles parmi nous, que, sans parler de cette idolâtrie qui leur étoit constamment prodiguée, je dirai qu'en général l'amour et le respect les environnoient. La considération s'attachoit à elles comme par l'effet d'un penchant naturel aux Français. L'indulgence même venoit presque toujours se placer entre elles et la renommée de leurs actions : car, osons l'avouer, il falloit que l'une de nous fût grandement coupable, pour encourir de la société une sentence absolue de condamnation, et qu'elle l'eût été énormément et avec persistance pour qu'un peu de temps n'effaçât pas le souvenir de beaucoup de torts.

Ces mœurs, telles que ce peu de mots vient de les esquisser; ces mœurs si douces, ces mœurs presque si faciles, appartenoient, non à une classe d'hommes exclusivement, non à un ordre, mais à la nation toute entière. Elles étoient l'expression d'une partie assez saillante du caractère français. Et ce caractère étoit, pour les femmes, une garantie de paix, de repos, de jouissance, qui les exemptoit de se former d'autres qualités que celles qui font le charme de la vie tranquille; d'autres vertus que celles qui assurent le bonheur dans les liens sociaux; qui les dispensoit enfin de ce courage plus qu'héroïque, de cette sorte de valeur surnaturelle qu'on a feint d'avoir attendu d'elles au milieu de nos troubles civils, et qu'on n'eût peut-être pas trouvé dans les dames romaines, malgré l'éducation qu'elles recevoient au sein d'une république sans cesse agitée.

Quelle étoit celle qu'on nous avoit donnée ? que nous avoit-on appris ? et à quel point en étions-nous de nos progrès à l'instant où le flot révolutionnaire est venu nous submerger ? en vertu de notre destinée connue de tous les temps, on nous avoit appris à plaire, à toucher, à être sensibles, à séduire, à nous attacher à quelques devoirs bien doux, à subjuger un époux, en lui embellissant les chaines de l'hymen; à allaiter nous-mêmes les enfans chéris que nous venions de lui donner; à les bercer mollement sur nos bras en respirant la quiétude. On nous avoit presque appris aussi à les élever : car si nos respectables mères avoient été privées, dans leur jeunesse, d'une certaine étendue d'instruction, peu commune aux femmes dans des temps plus reculés, elles avoient au moins su apprécier ce qu'elle pouvoit avoir d'utile, ce qu'elle pourroit produire de précieux, et elles s'étoient plues à fixer les premiers essorts de notre esprit sur des études propres à en augmenter les facultés, sans nous faire perdre de nos charmes. Nous sortions de dessous leurs aîles, pour aller, non-seulement partager la destinée d'un mari, en lui soumettant la nôtre, mais encore, après avoir multiplié notre mutuelle existence, instruire, former, conduire ensemble nos enfans dans la carrière de la société; jouir nous-mêmes des plaisirs qu'elle offroit à tous les âges; y ajouter par notre concours; savourer nos succès et l'encens qui nous étoit prodigué, sans presque nous douter d'autre chose que du bonheur.

De ce que nos éducations avoient été plus soignées, et en général notre esprit plus cultivé, il en étoit résulté parmi nous plus de développement de l'intellect; l'acquit de superficies plus étendues, et beaucoup d'esquisses de connoissances. Nous semblions nous porter à tout : morale, physique, histoire, littérature, la philosophie sur-tout, et la philantropie, qui germe à côté de ses préceptes dans les ames douées de sensibilité.

Cette philantropie si séduisante pour les imaginations tendres, avoit gagné la plupart des nôtres; mais elle étoit plus propre à adoucir nos ames, si elles avoient eu besoin de l'être, qu'à y semer le stoïcisme qui brave le spectacle de toutes les destructions; et nous en étions là quand l'aurore de la révolution vint éblouir nos regards. Ses rayons, quoique brumeux aux yeux des sages, parurent à beaucoup d'entre nous une lumière vive et pure, l'éclat d'un feu céleste et sacré, qui devoit donner à l'univers une chaleur nouvelle et faire éclore le bonheur pour tous les humains. Aussi le premier apperçu caressa-t-il si parfaitement les dispositions philantropiques dont nous nous trouvions richement pourvues, qu'il fut saisi par nous avec ardeur. En un instant il fut amalgamé avec nos pensées antérieures et avec nos désirs. Nous crumes avidement, fortement, vivement, qu'il n'étoit question que de faire des heureux, de rendre tout le monde heureux; sous l'étendart de cette chimère, nous nous enrolâmes en foule; et nous marchâmes vers la révolution en répétant:

il faut que la terre ne soit désormais peuplée que d'heureux !

Les hommes qui l'avoient songée de longue main, avoient aussi trop bien calculé de quelle nécessité leur seroient de chaloureux auxiliaires, pour ne pas venir au-devant de nous. Ils s'y précipitèrent en effet. A l'accueil qu'ils nous firent, ils joignirent les applaudissemens, les éloges ; ils s'emparèrent de notre amour-propre en nous donnant une grande importance à nos yeux : ils surent épaissir par lui le bandeau qui les couvroit : et au nom du bonheur général, combien de nous posèrent avec eux les premières pierres de l'édifice dont nos propres ruines devoient fournir aux fondations !

Reportons-nous à ces momens qui déjà semblent effacés de beaucoup de mémoires, tant les huit années que nous venons de passer ont roulé de siècles sur nous.

Les philosophes novateurs, dont les précédentes réputations avoient ébloui le jugement du public, ne paroissoient plus dédaigner notre insuffisance ; ils descendoient jusqu'à nous, ils nous élevoient jusqu'à eux. Ils nous enivroient, en nous faisant l'honneur de nous associer avec leurs systêmes.

Comme si la régénération fantastique, pour laquelle ils avoient si bien l'art de nous enthousiasmer, commençât déjà de s'opérer au gré de nos vœux, les hommes les plus aimables, mais les plus dépravés, changeant tout-à-coup de mœurs et de langage, vétissoient sous nos yeux les livrées de ces philosophes, et se pressoient autour de nous en qualité d'amans du genre humain.

D'autres, plus dignes de notre confiance parce que nous leur connoissions plus de vertus, nous fixoient dans nos illusions en les partageant.

D'autres encore, et c'étoit le plus grand nombre, dissimulant les projets de leur orgueilleuse ambition, nous séduisoient par l'apparence de généreux sacrifices.

Nos sallons devinrent des arênes *de principes*; nos boudoirs devinrent les foyers de la grande conspiration du bonheur général. Remplies de l'activité que nous
donnoit

donnoit notre vocation nouvelle, nous ne vîmes plus l'avenir que comme une férie enchanteresse, à la magie de laquelle nous étions appelées à coopérer; le présent, que comme l'instant d'un combat dont le succès inappréciable, certain et pressant, ne permettoit pas une réflexion; le passé, que comme un long âge de fer, qui ne méritoit plus qu'un regard de dédain.

Nous n'eûmes cependant pas toutes le même aveuglement : j'avoue que bien des femmes, soit qu'elles fussent d'un esprit plus prévoyant, d'un caractère plus froid ou d'une imagination plus calme, hésitèrent au moins à s'y livrer. L'inquiétude se mêloit à leurs désirs; l'incertitude suspendoit et leur espoir et leur jugement; mieux averties par la justesse de leur instinct, ou plus éclairées par leur connoissance de l'histoire, elles reculoient à l'aspect du monstre qu'elles entrevoyoient dans le nuage, et elles prédisoient ses forfaits.

De ce tableau si vrai du premier tourbillon philosophiquement révolutionnaire,

B

dans lequel nous agissions sur l'impulsion de notre propre chaleur de sentimens ; poussées par des mains habiles, et poussant à notre tour dans le courant qui nous entraînoit ; il résulte au moins une grande évidence de l'amour que nous avions fortement conçu pour le bien. Oui, les Français, si la révolution eût pu leur donner en effet le bonheur, auroient dû aux femmes de la reconnoissance. J'ose insister, et les prier de se bien rappeler le temps que je décris ; ils se pénétreront de plus de justice à notre égard ; ils seront forcés de reconnoître que la pureté de nos intentions, et le dévouement de nos idées à la chimère de bonheur qui les a séduits, méritoient qu'ils nous traitassent depuis avec moins de barbarie.

Notre erreur fut prompte ; mais, que l'illusion nous dura peu : celle de la nation prit l'exagération du fanatisme ; la nôtre s'étonna du sang qui ne tarda pas à couler. Les meurtres populaires commencèrent d'ébranler la confiance qui nous avoit empêchées de douter des vues *salutaires* de nos entrepreneurs en révolution.

Bientôt, la multiplicité des crimes nous fit pâlir. Qu'étoient devenus ces principes d'humanité sur lesquels tous les systèmes des novateurs s'étoient présentés appuyés ? qu'étoient devenues ces grandes notions de justice qui avoient si souvent forcé notre assentiment ? qu'étoit devenue cette équité distributive qui devoit restaurer et régler les droits de tous sans blesser la réalité de ceux d'aucun individu ? nous le demandions avec sensibilité, nous le recherchions avec effroi ; l'on nous répondoit : « avez-vous cru qu'une révolution pût se » faire sans que beaucoup d'intérêts fus- » sent froissés, et sans qu'il en coutât du sang ? » du sang ! eh, pourquoi donc du sang ? la résistance est-elle en armes contre vous ? ces exécutions féroces sont-elles des actes de justice ? employez-vous la force militaire ou la puissance légale ? est-ce dans des rixes meurtrières que l'homicide se commet ? y a-t-il des combats ? les assassinés sont-ils agresseurs ? où allons-nous ? quel chemin prenons-nous ? Les meneurs sourioient à la naïveté de nos questions : puis ils s'éloignoient, et nous quittoient tout-à-fait ; nous n'étions déjà plus les femmes qu'il leur convenoit d'employer.

Nous nous retirâmes de la scène ; elle nous faisoit horreur ! quoi de plus hideux en effet que ces insurrections soit-disant populaires, dont les acteurs étoient des cannibales à gages ; et ce supplice de la lanterne qui menaçoit le premier homme de bien assez malheureux pour être rencontré par la garde ? quoi de plus terrifiant que les encouragemens, je dirai même les applaudissemens qu'elle recevoit ? c'étoit aux cris de *vive la nation, vive la révolution*, que les monstres immoloient leurs victimes ; et les philosophes, les réformateurs du genre humain, leur répondoient par de semblables cris ! . . . . . Renfermées au sein de nos familles déjà menacées et tremblantes, nous rougissions d'avoir été abusées. Tout le prestige étoit anéanti ; de sinistres présages le remplaçoient ; et des craintes de mille sortes venoient assaillir notre timidité.

Chaque grande ville fut marquée pour être un théâtre du meurtre : plusieurs n'avoient pas tardé jusques là de se voir ensanglantées : il fallut les fuir. Nos époux, nos frères, nos fils n'y étoient plus en sûreté. Nous cherchâmes asyles et retraites dans les campagnes, encore paisibles, dans les demeures où nos pères avoient vécu; nous y respirâmes quelques instans : mais l'intention n'étoit pas de nous y laisser en repos.

Pendre aux réverbères des rues, ce qui s'appeloit vulgairement *lanternes*, devenoit trop lent à pratiquer; cela ne se généralisoit pas assez et ne satisfaisoit plus la soif avide d'hommes tigres, qui du fond de leur obscurité trop méprisée, exerçoient l'incroyable talent de porter le côté gauche de l'assemblée constituante au de-là de toutes les mesures. On est convaincu aujourd'hui, que tant de crimes atroces étonnoient, et même faisoient gémir la majorité de ce côté gauche, dans laquelle les esprits non prévenus remarquoient des hommes de beaucoup de mérite, qui n'étoient point étrangers aux vertus : mais si elle soupçonna précisément d'où partoient les ordres qui les organisoient, elle n'osa risquer de mettre le foyer à découvert; et elle crut devoir ménager jusqu'aux exécuteurs, de crainte de nuire à une révolution que tous s'accordoient à chérir, en attendant qu'ils pussent, sans danger pour elle-même, essayer de l'enchaîner.

Je reviens: on ne lanternoit plus, mais on massacroit de la façon la plus barbare. La plus horrible antropophagie devenoit l'appétit d'une portion du peuple indigne de ce nom, que des scélérats soudoyoient à tant par crime.

Quand ils eurent semés par elle la terreur dans les grandes cités, ils lui mirent des torches à la main, et ils l'envoyèrent incendier nos châteaux. Des hommes impurs se répandirent par-tout, chargés d'inviter au pillage de nos meubles les habitans des campagnes, au milieu desquels nous vivions depuis si long-temps dans une mutuelle correspondance de secours et de services: ils eurent, hélas! l'affreux succès d'en corrompre presque chaque lieu quelques-uns; et quoique ce fût en petit nombre, c'étoit assez pour s'assurer dans tous les villages d'un groupe de coupables, engagés ainsi par leurs premiers pas à ne plus refuser au moindre rappel de se réunir à eux.

Ainsi les troupes de brigands se grossirent; ainsi les ravages de la flamme s'étendirent sur la plupart des départemens; ainsi au bout de quelques mois de l'hiver de 1790 à 1791 on ne put plus les compter. Timides spectateurs, les paysans qui, par suite de probité naturelle, ou par continuité d'attachement et de reconnoissance de plus d'un bienfait, refusoient de concourir à nous brûler, n'osoient se réunir pour nous défendre. La peur les pétrifioit; beaucoup pleuroient sur nos désastres; mais aucuns n'essayoient de nous en préserver. Du moins, si parmi ces honnêtes cultivateurs, quelques-uns ont eu ce courage, honneur à eux: ils mériteroient d'être connus, d'être cités : mais l'on sait assez qu'il seroit facile de les compter.

Ces fléaux atroces, ces torches ardentes avec lesquels on nous poursuivoit d'azile en azile, s'éteignirent pourtant encore avant d'avoir tout consumé. On s'arrêtoit de lassitude, ce ne fut pas pour un temps bien long; nous ne devions respirer, ni deux instans de suite, ni nulle part en France. On changea l'ordre de la persécution; et les châteaux encore restés debout, furent destinés à être assiégés.

Bientôt chaque nuit fut marquée par une expédition contre l'un d'eux : aujourd'hui sur tel point du royaume, demain sur tel autre ; et cette fois, les meneurs surent enivrer nos paisibles et stupéfaits cultivateurs, au point de les rendre presqu'exclusivement agens de leurs projets. Ils surent leur persuader que nos biens étoient usurpés sur eux; que nos revenus étoient des extorsions, que la liberté n'admettoit, ni de devoir, ni de payer une rente, pour concession d'un fonds. Il falloit donc se faire livrer nos titres de propriété pour les anéantir ; il falloit les demander les armes à la main, les arracher par la violence, par les tourmens mêmes, par les meurtres!

Toutes les têtes fermentoient, les esprits s'exaspéroient, les courages s'échauffoient, on avoit des armes, on pouvoit entreprendre . . . . Mais tout un village ne se sentoit pas encore assez fort contre son ci-devant seigneur, entouré de trois ou quatre domestiques, de sa femme tremblante et de ses enfans au berceau; chaque commune invitoit les communes voisines à la venir seconder, à charge de pareil service réciproque les jours d'après. On convenoit de la nuit, de l'heure; le tocsin devoit la signaler. Le tocsin, ce son pressé qui rend le cœur si palpitant, et qui multiplie l'effroi!..... Qu'on juge, qu'on évalue, si on le peut, son effet, sur nos ames déjà brisées par tant de continuelles douleurs! A peine avions-nous reconnu le son fatal, qu'une mortelle pâleur se répandoit sur nos visages; notre sang se glaçoit; nos regards désespérés se fixoient sur nos époux, s'égaroient sur nos enfans..... Nos domestiques fidèles, ne se méprenant point sur le danger, pleins de frayeur pour nous, mais braves et résolus à nous protéger, venoient nous demander nos ordres.

Dans tous les châteaux attaqués, hélas! les ordres furent à peu près les mêmes: recevoir avec douceur et fermeté la troupe égarée: tâcher d'éviter toute effusion de sang; parlementer, satisfaire s'il étoit possible; ne se défendre enfin qu'à l'extrémité.

Nos maris pleins de craintes pour nous seules, tentoient de nous reléguer *dans les lieux les plus inaccessibles de nos demeures*.

Je dois rappeler à leur justification, qu'ils étoient menacés de subir les mêmes traitemens que nous s'ils se fussent déclarés nos protecteurs.

Mais nous leur opposions la ferme volonté de partager leur péril: le ciel même n'eût pu nous forcer de les abandonner. Après des débats aussi courts que déchirans, où nos cœurs en deux mots, s'exprimoient tout entiers, nous nous contentions de confier nos enfans éperdus, à la garde du plus zélé de nos serviteurs, en lui recommandant de les tenir exactement cachés dans la retraite que nous jugions la plus sûre; et ramassant ensuite toutes nos forces, nous attendions courageusement la part de désastre qui nous étoit destinée.

En 1793, il n'étoit pas encore tout-à-fait rare que nous parvinssions à ranimer quelques sentimens de bienveillance dans des ames qui fussent d'elles-mêmes restées simples et vertueuses, si l'on ne se fût efforcé de les séduire en leur présentant l'amorce si corruptrice de l'intérêt. Nous eûmes quelquefois le bonheur de leur faire tomber les armes des mains, et de renouveler le pacte d'attachement réciproque, pour ainsi-dire, sur la brêche. Nos pertes, alors que la chose tournoit heureusement de cette manière, se bornoient à quelques sacrifices de titres que les officiers municipaux exigeoient, afin d'en former le trophée qui devoit satisfaire la foule insurgée contre nous. Mais on ne souffrit qu'une minute *ces molles condescendances* de nos concitoyens des campagnes. Les meneurs s'en indignèrent : elles trompoient leurs fureurs. Ce n'étoit pas à nous nourrir seulement d'angoisses si cruelles, et à nous dévorer de craintes que se bornoient leurs projets. Disons-le au peuple Français, à la république entière : ils avoient faim de nos propriétés et soif de notre sang.

Faim de nos propriétés, pour en solder les exploits révolutionnaires de millions de bras, qui dès lors leur étoient dévoués et agissoient sous leurs étendarts : soif de notre sang, pour cimenter par son effusion l'engagement de fidélité à leur doctrine, qu'ils exigeoient de leurs satellites.

Louons à jamais le ciel, de ce qu'ils manquèrent d'un certain nombre de bourreaux dans ces troupes de peuple qu'ils étoient parvenus à fanatiser. Elles consentirent bien à nous forcer de fuir nos demeures, à s'en approprier le pillage : mais il fut trop difficile de leur inspirer généralement le goût de nous massacrer. Cependant... ah! je ne rappellerai que trop tout-à-l'heure des événemens dont le récit, consigné dans l'histoire, soulevera l'indignation de la postérité;.... suivons. Pour mieux fomenter contre nous l'irritation factice qu'on s'efforçoit de produire, à dessein de s'assurer qu'enfin on ne nous feroit plus de quartier, il falloit nous montrer coupables : on le fit; et qui plus est, on parvint à persuader que nous l'étions.

Il fut adroitement répandu que nos châteaux étoient des magasins d'armes. Chaque voiture qui entroit dans nos cours, nous apportoit ou des canons, ou des poignards cachés sous des charges de fourrages ou de bois.

Ou bien nos demeures étoient les refuges des ennemis de la patrie. Le lieu des conciliabules, des aristocrates conspirateurs. Nos parens, nos amis n'osoient ni nous recevoir chez eux, ni venir nous visiter. Y arrivoient-ils ? le prétexte étoit fourni : la nuit suivante, on battoit la chamade contre nous, on sonnoit l'allarme ; nous étions entourés. Bientôt nos murs étoient escaladés ; des forcenés pénétroient partout ; enfonçoient nos appartemens ; nous poursuivoient de retraite en retraite, en vociférant la mort.

La moindre défense de notre part nous l'assuroit affreuse. La fuite même nous la faisoit rencontrer. M. de Guislain...... eh! que son ombre paroisse, et raconte elle-même... La plume échappe de ma main!... qui peindra l'horrible festin que firent alors des tigres disséminés à dessein parmi des paysans trop crédules, aujourd'hui, peut-être douloureusement repentans ? qui peindra sa compagne dépouillée de ses vêtemens par ces monstres, épouvantée, errante, poursuivie des cris de son époux déchiré; poussée par l'égarement de ses sens au milieu des convives, qui eurent l'inexprimable atrocité de lui présenter.... vous qui me lisez, détournez vos regards.

Et toi, infortuné compagnon de M. de Clarac; toi, qui reposois tranquillement chez lui, sur le sein de l'amitié! dirai-je, comment, et avec quelle barbarie la vie te fut arrachée? Comment ton ami, désespéré, déjà accablé de blessures, mouroit en te vengeant, si des domestiques fidèles ne l'eussent enlevé au combat pour le porter malgré lui dans un bois écarté, d'où ils profitèrent de l'abattement de son esprit, pour l'entraîner au loin et mettre ses jours en sûreté? Non, tous ces sujets de honte et de repentir, je ne les décrirai point; forcée de les indiquer, qu'on me permette de m'arrêter. Il me suffit d'avoir rappelé au peuple, dont la voix doit seconder mes efforts, les terribles époques d'où est sorti pour nous la nécessité d'abandonner notre pays, et d'où ressort maintenant et à jamais l'ample justification de nous en être un moment éloignées.

Que ceux qui prétendent encore nous juger, qui veulent sur-tout nous condamner, s'ils ne sont pas précipités par l'acharnement de la haine, s'arrêtent, et se représentent l'état de celles de nous qui avoient subi la détresse horrible de semblables scènes. Qu'ils soutiennent, s'il est possible, l'idée de l'impression désolante qu'en produiroit la renommée, sur toutes celles qui, renfermées dans leurs châteaux non encore assaillis, concevoient pour elles-mêmes à leur tour l'effroi de pareils dangers. Je le demande à tous les français sensibles, quel conseil chacun d'eux nous eût-il donné ? « Ah ! fuyez, nous eussent-ils dit : éloi-
» gnez-vous; mettez en sûreté les jours de
» vos enfans et les vôtres; emmenez vos
» vieux pères avec vous; allez ensemble
» attendre sur une terre hospitalière que
» la voix des gens de bien puisse conjurer
» cet orage de crimes. Allez, nous vous
» rappellerons lors qu'une jour plus serein
» nous permettra de songer au retour du

» bonheur, de l'innocence et de la vertu. »
Eh bien, la nature nous a tenu le même langage; c'est elle qui, mettant nos enfans entre nos bras et nos pères à nos côtés, nous a poussées hors du pays qui nous vit naître, en nous commandant d'aller attendre au loin que les forcenés qui l'arrosoient de sang, fussent au moins enchaînés. C'est elle aussi qui nous a donné dans tous les temps cette timidité si intéressante, l'un de nos charmes le plus touchant, puisqu'elle sollicite sans cesse la protection qui vous plaît tant à nous accorder. Vous avez besoin de la répandre sur nous ; elle vous persuade de votre générosité en même-temps que de votre puissance ; elle est enfin peut-être l'attrait qui vous attache le plus fortement à nous : et c'est de cette timidité qu'on nous feroit un crime? Non, non, les hommes barbares qui nous ont proscrites, qui ont décrété la peine de confiscation, la peine de bannissement perpétuel, la peine de mort contre les femmes, parce qu'elles n'ont pas eu le courage de braver toutes les terreurs dont on abreuvoit leur sein, n'étoient pas Français, ne le sont point,

point, ne le seront jamais: ils ne sont non plus, ni républicains, ni royalistes; ils sont uniquement d'égoïstes cannibales.

J'ai vu, au printemps de 1792, dix femmes jeunes et belles, déserter la ville de Metz et courir vers Luxembourg, deux jours après le cruel massacre de M. l'abbé de Fiquémont; deux jours auparavant, elles ne songeoient pas à s'éloigner. L'une d'elles grosse de sept mois, cherchoit la veille à se pourvoir d'un appartement commode pour y faire ses couches; le lendemain je la trouvai consternée, la pâleur sur le visage, et les nerfs en contraction. « Mon
» amie, me dit-elle, je ne saurois plus
» rester ici; les cris que j'ai entendus reten-
» tissent autour de moi: l'image de cet
» infortuné me poursuit: le moindre bruit
» me fait tressaillir. Demain, dit-on, l'on
» recommencera d'égorger; d'autres victi-
» mes sont désignées; plusieurs portes co-
» chères sont marquées. La mienne peut-
» être le seroit bientôt aussi. Partons, mon
» amie, partons; je dois à mon enfant de
» lui donner le jour. Ici, je mourrois de
» mes frayeurs, si les assassins m'épar-

C

» gnoient. Vous m'aimez, suivez-moi, il
» me seroit désolant de vous laisser au
» milieu d'eux. » En vain aurois-je voulu
la rassurer : où en aurois-je pris les moyens
et le courage ? Je ne pus l'accompagner ;
mais je la vis partir, sans qu'assurément
il me vint à l'esprit que jamais sa démarche
pût être à condamner.

Je dois l'attester ici : j'ai vu beaucoup
de femmes méditer leurs départs à l'époque
même où tous les crimes s'exerçant impunément, couvroient à la fois le Dauphiné,
la Provence, le Languedoc, le Poitou, le
Nord et l'Ouest de la France, et où l'exécrable Jourdan étoit déclaré bon citoyen :
Je n'en ai pas vu une seule qui, les larmes
aux yeux et le cœur plein de regrets, n'exprimât de tendres vœux pour la patrie, pas
une seule qui n'exhalât l'espoir et le besoin
de la revoir heureuse, de l'habiter encore,
d'y retrouver de beaux jours, qu'aucune
ne se promettoit sur la terre étrangère. De
beaux jours ! Elles avoient raison ; en est-il
ailleurs que sous le soleil de la terre ?
au milieu de concitoyens amis, et près de
ce foyer de famille, qui semble à tous les

cœurs bien nés le centre unique et cher de nos douces affections ? ah ! combien, combien ne le reverront plus ! et combien le reverront solitaire, environné seulement d'ombres plaintives, n'attestant que des souvenirs qui attendent des pleurs ! Les miennes coulent en abondance.....
Français, restez sensibles ! hâtez-vous du moins d'essuyer celles qui peuvent encore être taries par vos mains.

Mais, nous disent des hommes aussi entêtés des proscriptions révolutionnaires, que des gens de bien le sont des principes de l'éternelle équité : S'il y a eu des » femmes qui ont émigré par suite de » frayeurs, combien ont quitté la France » par haine de la révolution ? par espoir » qu'en leur absence la force des armées » liguées contre nous alloit l'anéantir ? par » ton enfin, et par esprit de mode ? »

Je leur répondrai avec franchise : Mettez la main sur votre conscience, consultez vos souvenirs, votre raison, surtout votre impartialité, et dites-moi si en effet la révolution devoit, dans son âge mur, inspirer de l'amour à des femmes qui n'étoient pas des tricoteuses de Robespierre. Connoissez-vous dans tous les fléaux possibles, fléaux plus hideux, que les divers épisodes révolutionnaires dont nous avons subi les forfaits? Je comprends qu'on aie pu aimer les premières conceptions de la révolution; qu'on se soit même laissé quelques instans entraîner par elles; (1) mais dans ses suites manifestées et développées dès avant 1792, je le déclare, à moins d'avoir eu une ame de bronze formée tout exprès pour l'inhumanité, on n'a pu voir que l'ouverture de la boëte de Pandore: on n'a pu que frissonner, la redouter, et se cacher ou la fuir. Quel est l'homme de cœur assez féroce pour imaginer de sang froid d'avoir garotté un femme en présence de notre révolution, sous la condamnation de la voir passer toute entière devant elle, sans qu'il lui fût seulement permis d'en

_____

(1) Je n'entends point faire le procès à la révolution toute entière : on nous promet qu'elle sera du moins heureuse dans ses suites : notre devoir à tous maintenant est d'en embrasser l'espoir et de le manifester.

détourner les regards?........ S'il en est un que l'idée de ce supplice ne fasse pas frémir, qu'il se présente ; je ne serai pas fâchée peut-être d'examiner à loisir, un phénomène de cruauté que je crois rare dans la nature. Tel est cependant, et sans qu'ils s'en doutent (du moins j'aime à le croire) ce à quoi ils exigent que nous nous soyons condamnées nous-mêmes, ceux qui nous font un crime d'avoir émigré par haîne de la révolution. Mettons sous leurs yeux une vérité que je crois leur être échappée. Il en est d'une révolution comme d'une bataille; ceux qui y prennent une part active s'enivrent dans l'action, et poussent devant eux sans s'appercevoir du carnage qui se fait à leur côtés; mais le spectateur forcé à l'oisiveté, pâlit et n'en sauroit soutenir la vue. Qu'est-ce donc si la batterie porte les boulets et les membres mutilés jusqu'à lui ? alors le plus impérieux des sentimens précipite ses facultés, et déjà il a quitté la place. Que penseroit-on, je le demande, de la cruauté des combattans qui prétendroient qu'il fût resté là, en panne, inutile et immobile ?.... et l'on exigeroit de nous, *femmes*, ce courage surnaturel que n'ont point les héros!.... Non, nous abhorrons les combats; nous ne sommes pas faites pour y paroître, pour y agir, pour les regarder à froid. Notre sensibilité y répugne; notre délicatesse en a horreur : par la même raison, nous ne pouvons aimer une révolution qui verse le sang, du moins tant qu'elle dure ; et tous nos sens nous portent violemment à nous en éloigner.

Nous reprocher d'avoir, en émigrant, espéré *la guerre et la contre-révolution*, c'est, tout au moins, nous accuser par suppositions gratuites; c'est méchamment nous prêter des pensées et des desirs. Sous le règne de Robespierre on n'a que trop immolé de victimes sur des suppositions de desirs et de pensées! aujourd'hui, l'on devroit, peut-être, manifester plus d'horreur pour cette large manière de faire des coupables et des proscrits. Mais il faut répondre à tout. J'admets pour une minute que cette calomnie n'en soit pas une : eût-il été bien étrange que, les unes dépouillées de leurs biens, les autres rassasiées de souffrances, celles-ci troublées de craintes, celles-là déjà veuves de leurs époux massacrés, d'autres encore frémissantes des menaces sanguinaires qui poursuivoient ou leurs parens ou leurs amis, eussent pensé que la guerre, qu'appeloit à grands cris le parti d'Orléans, appuyé de celui de la Gironde, pourroit amener une contre-révolution? Les femmes ignoroient et ne pouvoient qu'ignorer ce que c'étoit que la guerre; et dans la contre-révolution elles ne pressentoient que le retour de l'ordre, que la fin de tant de maux devenus insupportables. Trente ans de paix avoient singulièrement éloigné toutes les imaginations de concevoir ce que c'est qu'une guerre ; le nom seul en étoit resté familier. On le prononçoit inconsidérément, mais l'on avoit vraiment oublié l'étendue du cruel sens qu'il renferme. Elle a eu lieu cette guerre funeste dans laquelle on veut nous accuser d'avoir placé de l'espoir. Ce sont nos plus mortels ennemis qui en ont arraché déclaration, qui se sont acharnés à la faire proclamer: et elle nous a coûté nos maris, nos enfans, nos frères. Nos frères !.....

Elle a comblé la mesure de nos douleurs ; elle a rendu nos pertes irréparables et nos regrets éternels. Plus de lumière nous en eut donné la prévoyance ; et qui de nous alors eût pu seulement entendre dire qu'on la voulût ? (1)

Les plus instruites en repoussoient l'idée avec effroi ; mais le reste, trop peu expérimenté pour apprécier au juste les différens fléaux qui fondoient sur la France et qui l'environnoient, n'ayant à choisir qu'entr'eux, eû pu, sans être coupable, voter en secret pour celui, entre tous, qui lui paroissoit pouvoir dévorer les

---

(1) La guerre elle-même a fait émigrer beaucoup de femmes qui, dans leurs départemens, étoient menacées d'être mises entre le canon des Français et l'armée ennemie. En Franche-Comté, et dans plusieurs autres provinces, dès le mois d'août 1792, on avoit enfermé toutes les femmes ci-devant nobles pour les réserver à cet usage. La plupart se sont évadées de leurs prisons, à l'aide des draps de leurs lits, ou par des secours que leur fournissoient des amis ; et elles ont gagné à pied, en toute hâte, l'autre côté de la frontière. Qui osera les blâmer de cette action !

autres. Ce droit est encore dans la nature ; en vain, quand même elles l'auroient exercé, prétendroit-on en tirer un motif solide d'accusation.

En général, et pour achever de répondre en deux mots, les femmes entendent peu aux combinaisons de la politique. La philosophie, je l'ai déjà indiqué, ne les mène guères qu'à la philantropie ; là elles s'arrêtent. Privées de tout motif d'ambition personnelle, n'ayant rien à demander à la gloire, n'étant point appelées aux grandes conceptions qui embrassent la postérité, le présent leur est nécessairement plus précieux que l'avenir. Si ce présent les prive du repos, anéantit leur jouissance, les désole ou les épouvante; s'il met le deuil dans leurs ames; s'il confond toutes leurs idées de bonheur ; si enfin, au lieu de la félicité commune qu'elles ont toujours rêvée, il ne leur montre qu'un ordre de chose où dominent l'injustice, le crime et le malheur; elles n'ont plus qu'un vœu, qu'un desir, c'est qu'à tout prix il soit changé ; et ce désir, ce vœu, je l'atteste, sont innocens et purs, autant qu'aveugles peut-être.

Ah! que la bienfaisante équité nationale leur rende aujourd'hui leur patrie! qu'elle la leur rende tranquille, heureuse, sous une constitution sage, victorieusement échappées aux flammes de l'anarchie, ax glaives des bourreaux, aux guerres de toute espèce; elles lui rapporteront des vœux soumis, des vœux affectueux, dignes de la patrie et d'elles mêmes. Qu'elles y retrouvent la paix et la sûreté qu'elles ont été chercher ailleurs, elles ne desireront que d'en jouir comme d'élémens particulièrement faits pour elles; et jamais on ne leur entendra exprimer aucun desir qui puisse exciter à la troubler.

Mais, ajoute-t-on encore: « Tant de
» femmes ont quitté la France par ton,
» par air, par mode. Quand elles sont
» parties, on ne songeoit point à elles: la
» plupart n'avoient rien vu; elles n'avoient
» couru aucun péril; elles n'avoient pas
» eu de châteaux brûlés, ni de parens
» égorgés: elles pouvoient rester tran-
» quilles comme tant d'autres ont fait. »

Pouvez-vous, hommes aussi légers dans

vos souvenirs, (1) qu'insensibles dans vos barbaries, avoir l'impudeur de citer la tranquillité dont ont joui celles qui sont demeurées au milieu de vous? Avez-vous déjà oublié que les échafauds, les fusillades, les noyades les ont trois fois décimées? Avez-vous oublié que les cachots ont tenus englouties dix-huit mois durant, toutes celles que le hasard avoit destinées à survivre à vos fureurs? Cependant, répondez-vous, « celles qui ont émigré par » ton, par légéreté, par mode, n'étoient » pas prophêtes ; et ce n'a pas été l'apperçu » de l'avenir qui les a déterminées. » Eh!

---

(1) Ces mêmes hommes qui, graces au ciel, ne sont plus nos législateurs, mais qui sont encore nos accusateurs aujourd'hui ; ces hommes, aux objections desquels j'oppose autant qu'il est en moi la logique de la vérité, savent très-bien que ce sont eux qui nous ont forcées d'émigrer ; qu'ils sont les seuls auteurs des persécutions qui nous ont poussées hors de la France ; qu'ils ne les commandoient qu'à dessein qu'elles produisissent cet effet. Je les traduis devant notre sénat actuel, parce que je le crois digne de juger entre eux et nous.

bien soit ; mais quel mal ont-elles fait, je vous prie ? En quoi leur impuissance a-t-elle pu devenir coupable ? Quels services pouviez-vous attendre d'elles au-dedans ? Quelles fautes ont-elles commises au-dehors ? Qu'importoit à nos dissentions politiques leur présence ou leur absence ? Les succès de la révolution dépendoient-ils de leurs efforts, ou pouvoient-elles sauver des calamités à la patrie ? Si dans une cause, devenue malheureusement aussi grave, il étoit permis de faire parler toutes les accusées, avec le langage et l'esprit qui leur sont propres, j'oserois produire à la barre de l'assemblée législative actuelle les Emigrées dont il s'agit : Et voici la fiction dont elles se serviroient, voici ce qu'elles y diroient :

Legislateurs,

Ne vous méprenez pas à notre contenance : un peu de timidité rougit nos fronts ; nos têtes sont un peu baissées ; on nous force à paroître en coupables.... Vous voyez devant vous le groupe qu'a séduit, qu'a entraîné la mode. Les aveux que nous avons à vous faire, ont un coin pénible : mais quoique la haine publique... il n'est point de criminelles parmi nous; et toutes nos fautes, s'il en est dans nos démarches, furent commises sur l'aîle des vents.

Rappellez-vous l'empire de la mode en France ; son sceptre aimable, son attrait. Pouvoit-on lui résister ? Dans cet empire, nous étions-à-la fois souveraines et sujettes; la mode nous gouvernoit et nous commandions. Les pouvoirs étoient tellement balancés, l'harmonie si parfaite qu'entr'elle et nous jamais il n'éclata de divisions.

La mode donc, cette souveraine séduisante, un jour, en long habit de deuil, ses yeux remplis de larmes vint vers nous et nous dit : » Que faites-vous encore en
» France ? Fuyez, fuyez, vous, que le
» rang, la fortune, l'amour, les graces
» appelloient à régner avec moi. Fuyez :
» l'opinion barbarise tout, confond tout,
» menace tout, détruit tout. Son torrent
» me submerge et bientôt je ne serai
» plus. Qu'allez-vous devenir si ce mal-

» heur se consomme. Fuyez, emportez
» moi dans vos bras. «

Ainsi parla la mode, le prestige étoit dans sa bouche : l'entendre et l'applaudir furent la même chose.

Puis, jetant sur l'horizon nos regards consternés, nous vîmes de toutes parts, s'échappant au loin, nos guerriers, nos amans, nos amis ; les arts enchanteurs, la galanterie, les talens aimables, l'honneur même, disoit-on, émigroit avec eux. Les dangers les poursuivoient jusqu'à l'extrême barrière.... Ils ne nous en étoient que plus chers ! Autour de nous et sur la place qu'ils occupoient, nos yeux ne rencontrèrent plus que des hommes nouveaux montés sur des ruines. Leur air, sévèrement farouche; leurs moustaches, leur langage; leurs larges cimeterres et la couleur de leurs bonnets, tout nous fit écrier : Ah ! la mode a raison, qu'attendons-nous ? Sauvons-la, sauvons-nous. En vain, quelques-unes d'entre nous hésitant un instant, et voulant réfléchir par singularité, essayèrent-elles de ralentir l'essor de notre résolution ; « voyez, leur

» dit la mode, voyez donc le cahos sur
» lequel je vais être incessamment immo-
» lée. L'opinion, mon ennemie cruelle,
» s'est donnée pour agens une tourbe de
» furies, qui, le ciseau de la parque
» entre les doigts, et burlesquement pa-
» rées de mon nom, me font une guerre
» à mort. Les français entr'elle et moi
» ne distinguent plus; ils embrassent
» tour-à-tour, avec un amour égal, la
» mode de la lanterne, la mode de l'in-
» surrection, la mode du pillage, la mode
» de l'incendie, la mode des piques, la
» mode du massacre, la mode enfin d'un
» million de poignards tournés contre
» mon cœur. Hélas! ils n'en seront retirés
» que pour être plongés dans les vôtres! »

Ces derniers mots achevèrent de nous convaincre, et nous nous sentîmes irrésistiblement entraînées.

Bientôt, l'aimable souveraine marqua l'heure du départ. Nous groupant autour d'elle, comme pour la préserver, nous ouvrîmes la marche d'une façon presque triomphale : laissant loin derrière nous la prévoyance, l'inquiétude, la prudence;

n'emportant nuls soucis, passant devant tous les calculs, sans seulement les appercevoir. La mode seule occupoit pour nous le présent, et l'avenir étoit à peine dans nos soupçons.

Voilà, législateurs, le tableau fidèle de notre situation morale, dans ce moment qui marqua notre destinée d'un sceau si funeste. Actuellement voyez, cherchez dans le *code politique* des nations quelle est la peine *capitale* dont elles punissent la légéreté chez les femmes, et nous nous soumettrons à l'endurer.

Mais avant que de la prononcer, écoutez l'histoire de nos malheurs, peut-être vous disposera-t-elle à quelque indulgence.

L'illusion, compagne assidue de la mode, avoit émigré avec nous. Long-temps avec un art vraiment enchanteur, elle nous cacha nos fautes et nos sujets de regrets. Ses prestiges nous eussent duré, si la mode ne fut venue insensiblement à s'affoiblir dans ces climats, où l'art est encore tout près de la nature, et où les mœurs nous ont paru plus que simples.

Incessamment

Incessamment elle y dépérit, ses traits changèrent. L'illusion le vit et s'en désespéra. Elle étoit à ses côtés, accablée de tristesse, la regardant, puis s'évanouissant. Jugez de notre douleur ! tous nos soins furent d'abord pour elle, ils lui furent prodigués : mais en vain, hélas !

Elle expira dans notre sein aux feuilles tombantes ; et la nature sembla s'unir à nous pour pleurer l'irréparable illusion.

Il nous restait encore la mode, ou plutôt son ombre ; car qui l'eût reconnue?... Ses yeux étoient éteints ; sa voix ne se faisoit presque plus entendre. Tandis qu'elle languissoit sur son trône, dépourvue d'éclat, et qu'elle ne respiroit plus qu'à peine, notre énergie sollicitoit encore la sienne, et en obtenoit quelques nouveaux efforts ; mais ils l'épuisoient, ils lui coûtoient trop.........Peu à peu un froid mortel circula dans ses veines. Des simptômes déchirans vinrent nous annoncer le dernier malheur..... déjà nos sanglots disoient nos allarmes ; partout on répétoit, la mode se meurt. La mode se meurt!...

D

on le disoit encore et la mode n'étoit plus !

Pardonnez quelques soupirs à ce souvenir douloureux, Législateurs ! ah ! ce fut alors, seulement alors, que nous vîmes le vuide étendu autour de nous; il nous parut un abîme ! le bandeau étoit tombé, le voile étoit déchiré; qu'allions-nous devenir ! le tombeau de la mode avoit tout englouti; empire, charmes, espérances : il ne nous restoit plus rien, et notre affreux dénuement nous faisait frissonner.

A cette époque cruelle, nos regards confus se reportèrent vers nos foyers.... nous les avions peut-être étourdiment abandonnés; mais la patrie, une mère, punit-elle jamais comme un crime un tort de la frivolité? non, sans doute : et cette pensée rassurante nous fit précipiter le retour de nos pas, jusqu'aux premières villes de France. Un décret humain en apparence, sembloit nous les tenir encore ouvertes; les délais pour y rentrer étoient plus que courts, mais enfin, ils n'étoient pas insuffisans pour quiconque de nous se trouvait près de la frontière.

Nous nous présentons en foule, rapportant à la mère commune notre confiance, et la sagesse que nous venions d'acquérir dans notre apprentissage d'adversités : c'étoient des titres pour n'être point rejetées !.... trop consolant espoir, combien vous fûtes déçu ! ce décret n'étoit qu'un piége. Nos pieds n'eurent pas touché le sol chéri qui nous avoit vu naître, que des hommes épouvantables nous chargent de chaînes et nous plongent dans des prisons.

Là, environnées de gardes, de baïonnettes ; traduites devant les juges farouches, dont la logique barbare savoit travestir l'innocence en coupabilité, les actions indifférentes en crimes, nulle défense n'est entendue ; nulle pureté d'intention ne sauroit justifier, ni le silence de la loi, ni sa non-existence précédente ne peuvent être réclamés. Ces juges, dignes du consistoire de Minos, nous disent : « vous êtes condamnées à » une éternelle déportation, la loi con-

» fisque vos biens *pour les frais de la*
» *guerre;* elle vous dépouille de toutes
» vos propriétés; elle vous rejette au-delà
» de la frontière, sans ressources pour
» subsister, sans moyens de vivre, et
» elle vous condamne à avoir la tête
» abattue, si jamais l'amour de la patrie
» vous fait tenter encore de pénétrer
» dans son sein. »

Contre cette horrible sentence, inutilement voulûmes-nous objecter la nullité de nos actions, l'impossibilité qu'elles eussent été criminelles : eh quoi ! nos foibles bras avoient-ils pu s'armer ? avions-nous changé de sexe pour combattre ? sans influence politique ni physique, quels pouvoient être nos forfaits ? enfin, la loi nous avoit-elle précédemment dit : demeurez, ou la mort sera votre partage ?.... hélas ! l'impuissance même d'être coupables ne put nous sauver du barbare effet rétroactif; il fallut le subir, et nous fûmes reportées sur des terres étrangères, entre la misère et la désolation, uniques compagnons dans notre infortune.

Il nous restoit, cependant, le courage énergique de l'innocence, et les ressources de la vertu; le malheur nous les avoit données, il en fortifia nos ames, et elles ne nous ont point quittées. Ce sont elles encore aujourd'hui, LÉGISLATEURS, qui nous inspirent la noble confiance de paroître à votre barre, pour vous demander d'être justes, et de réparer enfin les maux inouis que nous avons si longuement soufferts! croyez-nous encore: avez-vous jamais cru que *la mort*, la mort sur un échafaud, ou l'exil éternel, soit la peine due à la nullité légère d'une course vagabonde, entreprise sous l'empire de la mode, et plus qu'expiée mille fois par toutes les sortes de souffrances auxquelles, depuis près de cinq ans, des hommes iniques nous ont condamnées? nous avons tout dit: tout est confessé; prononcez actuellement.

Si le ton de cette défense paroît trancher avec le sujet, qu'on me le pardonne; ce ton est peut-être le seul vrai, le seul qui convienne à la cause des femmes dont il s'agit. C'est le sujet qui a pris une pro-

portion gigantesque bien au-delà de la mesure naturelle ; qu'on le dégage de tout l'échafaudage cruellement solemnel sur lequel les faiseurs de proscriptions l'ont hissé pour lui donner une grande prise sur des imaginations qu'il leur importoit d'étourdir ; qu'on lui rende sa simple stature, il restera nuement réduit à ceci : des
« femmes, autant insignifiantes et peut-
» être frivoles qu'elles sont aimables et
» intéressantes, ont trouvé qu'il étoit
» d'un fort bon air, fort bien fait, et
» très-libre sur-tout, d'aller attendre, à
» cinquante lieues de la France, la fin
» d'une révolution qui la mettoit en feu,
» et qu'elles ne trouvoient pas jolie ».
Voilà tout ; en ces quatre mots le procès est exposé, à moins que, pour l'instruction, on ne veuille ajouter, « qu'il a plu
» à des massacreurs avides du bien de ces
» femmes, après les avoir eux-mêmes
» poussées à la porte, de travestir leurs
» personnes en membres politiques de la
» république, et leurs promenades en
» crime d'état, afin de les dépouiller à
» leur aise. » C'est en ramenant ainsi

l'action à son intégrité que la vérité reprend ses droits sur les esprits; elle les frappe alors d'un jour nouveau; le point de vue est changé; l'on s'étonne de ce que l'on a cru voir et du peu qu'il en reste : on questionne l'Europe, on cherche dans l'antiquité, on interroge l'univers et l'Europe; l'antiquité, l'univers répondent qu'il faut être ou foux, ou atroces, pour envelopper une masse de plus de cinquante mille femmes, dans des proscriptions à mort, pour querelles d'opinion ou guerres de partis. Les hommes qui ont porté leur sentence étoient-ils des foux ?... qu'ils choisissent, nous voulons bien leur en laisser la faculté.

Deux choses en ce moment se font vivement sentir à mon cœur, et je ne puis me refuser à les exprimer : c'est la satisfaction de n'avoir à accuser de tant et de si révoltantes injustices que des individus, aujourd'hui généralement appréciés, rejettés, abhorrés; et la douceur si rassurante de ne plus voir pour juges aux intéressantes victimes de leur acharnemens, que de véritables élus du peuple;

qu'une législature, dont la majorité est composée d'hommes sans prévention ; la plupart persécutés eux-mêmes, touchés de maux qu'ils n'ont point à se reprocher ; réparateurs par principes, et justes par besoin.

J'ose le croire, émus par mes foibles accens, émus par le concert unanime des voix qui secondent la mienne, et par l'opinion publique qui se montre actuellement telle qu'elle fut toujours en France, généreuse et compâtissante, vous allez, vous tous qui êtes dignes du titre de nos représentans, embrasser avec énergie la tâche de revoir un cahos de lois qui portent le cachet de ceux qui les ont faites, l'empreinte de l'iniquité. Vous vous hâterez sur-tout, car nous vous en conjurons au nom de l'innocence aux prises avec tout ce que le malheur a de plus amer, vous vous hâterez de séparer dans le code cruel, appelé le code des Emigrés, tout ce que les ennemis du genre humain ont rendu applicable par suite d'extension aux femmes, aux vieillards et aux enfans. Je n'ai presque pas encore parlé de ces derniers : mais en plaidant la cause de la foiblesse, j'ai plaidé nécesssairement la leur. La foiblesse, qu'elle soit l'appanage d'un être intéressant, qu'elle soit devenue l'attribut d'un être respectable, qu'elle soit le charme d'un être cher à tous, elle a le droit égal de trouver dans le peuple français un défenseur ; dans son sénat des avocats éloquens et des juges sensibles.

Peut-être aurais-je pu, en répétant seulement quelquefois ces noms *d'enfans et de vieillards*, réchauffer bien des affections qui ne sont pas éteintes; ranimer des sentimens profonds que la nature a confiés plus particulièrement à notre nation; oui, ces noms sont magiques parmi nous; jamais ils n'y furent prononcés sans exciter de l'attendrissement : Eh bien, Français! vos vieillards, ces antiques amis de la patrie, qui jadis la défendirent en versant leur sang, qui la vivifièrent de leurs travaux, qui l'éclairoient de leurs lumières, qui l'éclaireroient encore, qui en seroient la sagesse, l'orgueil et l'ornement, ils languissent, bannis sur des terres inhospitalières, qui souvent se les rejettent l'une à l'autre, sans égard pour le poids de leurs ans, sans pitié pour leur abandon, pour leur misère. Chaque jour ils y meurent inconsolés; ils y expirent dans l'horreur des besoins!.....

Vous le dirai-je? leur état est notre opprobre. Un jour de plus à leur supplice écriroit notre condamnation. Qu'il cesse, il est temps. Le ciel ne pouvoit songer à se venger sur nous, tant qu'a duré notre propre esclavage sous le joug de sang de nos boureaux : mais à présent qu'il nous en a lui-même miraculeusement dégagés, tremblons de ne pas délier assez tôt les autres victimes; hâtons-nous, c'est un devoir sacré; rendons-nous dignes du bienfait, en le propageant.

Craignons aussi le burin de l'histoire; il éterniseroit nos souvenirs, nos remords et l'accusation, si nous demeurions froidement coupables de la continuité de leur cruel destin. Les nations ont bien plus que les hommes une réputation à préserver : les hommes meurent; et le tombeau anéantit pour l'individu, la mémoire de ses propres faits : mais une nation, et une grande nation sur-tout, n'a de terme que celui des siècles ; elle reste debout comme les temps ; ses annales sont impérisables ; et non seulement elle les lit sans cesse, mais ses voisins y puisent éternellement pour elle, ou l'estime ou le blâme.

Sauvons donc, au caractère national, une tache qui ne s'effaceroit jamais. Que n'ont pas fait les hommes affreux, pour lui imprimer le sceau de leurs crimes ! ils ont multiplié les efforts à dessein de l'associer à des forfaits inouis..... Rejettons-les à leurs auteurs, séparons-nous entièrement d'eux ; prouvons par l'équité de nos actions, aux jours de notre délivrance, que si nous avons été assez malheureux pour être un instant impuissans, nous nous relevons avec toutes nos vertus.

Je voudrais cesser, au moins durant quelques minutes, de crayonner des tableaux affligeans. Je voudrais en peu de lignes en indiquer et en épuiser tous les sujets : cela n'est pas possible ; il s'en présente de nouveaux pour chaque page., Si mes regards quittent cette portion de nos vieillards, qui périt au loin en réclamant si douloureusement leurs pays et nos secours, ils rencontrent ceux qui sont restés au milieu de nous. Presque tous portent dans leur constance et sur leurs visages les signes de l'oppression de l'ame. Aucun n'ont cet air de sérénité, qui, en adoucissant la majesté de leur âge, nous force à mêlanger je ne sais quel sentiment à notre vénération pour eux. Ils souffrent; leur silence même l'exprime. Interrogez-les : ou plutôt, ne vous y exposez pas, leurs réponses rempliroient vos cœurs d'amertume ; ils gémissent et succombent sous la désolante privation de ce qui leur fut cher. Je n'ose vous parler de leurs fils : ils les pleurent, ils les espèrent tour-à-tour..... Mais leurs filles, mais leurs petits enfans, les soutiens et les consolateurs de leur vieillesse, ils les redemandent par leurs longs soupirs; et si leurs sens se raniment encore, c'est pour invoquer avec exclamation la justice, qu'ils sentent bien ne pouvoir se refuser à les leur remettre entre les bras.

Mais il n'est pas un moment à perdre ; beaucoup touchent au terme de leur vie. Voulez-vous la leur prolonger de quelques jours, et voulez-vous que ces jours soient des années de bénédictions, pour vous ? des heures de bonheur pour eux : de ces heures qui effacent des siècles de calamités ? rendez à l'un une épouse ; à l'autre sa fille, sa sœur, ou l'enfant de son fils. O LÉGISLATEURS, vos noms se mêleront dans les transports de leur joie, à ceux de tous ces objets de tendresse. Vous savez jouir ; vous desirez sans doute de jouir : qu'attendez-vous ?

Venez, j'ose vous en prier ; suivez-moi sur cette eminence, et jettez les yeux autour de vous. Voyez comme sur le sol de la France presque tous les habitans vivent dépareillés. A côté de ces milliers de familles, malheureusement mutilées, sans ressources, voyez ce millier d'autres dont la tristesse vous témoigne à-la-fois la crainte et l'espoir inquiet. Là, ce sont des mères restées seules; il leur manque la présence de leurs filles avec leurs enfans en bas âge. Ici, ce sont des sœurs qui soupirent après le retour de leurs sœurs; ici encore, cinq enfans n'ont pas leur mère, elle s'est enfuie avec l'ainée, dont l'âge lui faisoit redouter des dangers.... là, ces maris sont privés de leurs épouses, et ils attendent que vous réunissiez ce que le ciel et la société avoient voulu qui ne fût jamais séparé. Là, toutes ces jeunes filles, dépourvues de leur guide, n'osent faire un pas, n'osent lever les yeux : personne ne sauroit remplacer leur mère; elles espèrent de jour en jour que la formidable barrière va s'abaisser. Ici enfin, des amis, des amies, ne sauroient oublier la moitié d'eux-mêmes, ni vivre heureux sans la retrouver. Mais, étendez encore vos regards; et si vous le pouvez, voyez sans émotion cette foule d'enfans abandonnés; leurs parens n'osent ni les réclamer, ni les venir seulement serrer rapidement contre leur cœur; malheureux orphe-

lins! ils sont vêtus des livrées de l'indigence, et leur immense héritage est devenu la proie de la cupidité. Ils manquent souvent de pain....., et le décret qui leur conservoit des droits à une foible portion des biens de leurs pères, est la seule loi révolutionnaire qui n'a pas reçue d'exécution. Au-delà de nos frontières, et bien loin de nous, que ne pouvez-vous, du point de distance où vous êtes, entendre les cris plaintifs de la fille de ce vieillard! désespérée à la vue de cette espèce d'océan que nos lois ont placé entre elle et lui, ne pouvant ni s'élancer pour le franchir, ni se résoudre à en abandonner les bords, elle vous implore; elle vous accuse tour-à-tour : « Cruels! n'avez-vous donc pas
» de père?.... ô vieillesse adorée que
» je ne contemplai jamais sans chérir
» davantage la vertu! sans un profond
» sentiment des bienfaits que tu prodi-
» guas à mon enfance! mon père, mon
» pere! ta fille ne peut donc aller jus-
» qu'à toi! » oh! pourquoi meurtrir ainsi de toutes parts la nature? pour-

quoi tenir tous les cœurs dans cet état de déchirement? un décret d'amnistie ; cette pensée rougit mon front. Un décret d'amnistie a sauvé les massacreurs de la France; il a donné aux septembriseurs, aux fusileurs, aux noyeurs, le droit de se promener tête levée, dans toute l'étendue de cet empire qu'ils ont couvert de sang : et les parens de leurs victimes, coupables uniquement de s'être soustraits à leurs glaives assassins, sont encore sous un décret d'exil! sous un décret inique, dont les effets sont plus douloureux mille fois que ceux de la mort! LÉGISLATEURS, toutes ces sortes d'infortunées ont les mains tendues vers vous! fidelle à mon engagement, je m'interdis l'expression entière des vœux de l'humanité et de la justice : mais j'ai le bonheur de sentir, que même dans le seul accomplissement de ceux auxquels je me suis bornée, il y aura pour tous une portion de bienfaits : il se trouvera du baume pour toutes les plaies, et de l'adoucissement pour toutes les souffrances.

Peut-être,

Peut-être, des considérations politiques, d'une importance assez majeure, devroient-elles aussi être présentées en faveur du retour des femmes, des enfans et des vieillards parmi nous; mais il n'est aucun de nos LÉGISLATEURS qui ne les connoissent et ne les apprécient : aucun d'eux n'ignore que l'intérêt de la patrie demanderoit, sous plus d'un rapport, qu'il n'y ait pas un seul Français exilé hors du territoire. La population en souffre : combien de mariages restent dissous? Combien d'autres ne se sont pas faits? l'éducation de la génération actuelle en est de beaucoup amoindrie : on ne peut nombrer les enfans qui, s'ils n'étoient privés de leurs parens, eussent été élevés avec soin, et eussent encore influé par l'exemple sur les progrès de leurs jeunes contemporains. Combien d'excellens instituteurs et institutrices aussi manquent actuellement à nos besoins? les arts ont fait de grandes pertes; ils soupirent tout bas, après tant de sujets dont les talens enrichissent ou brillantent le sol étranger. — Nos manufactures démontrent, par leur pénurie, combien de bras, combien d'hommes industrieux elles ont a regretter, et combien elles auroient à gagner par leur présence. — Les sciences aussi, le génie, la société...... je vais trop loin, je m'en apperçois : ces innombrables considérations sont toutes dans les réflexions de nos Législateurs, dans le secret de leurs vues : moi, je dois respecter leurs pensées et m'arrêter à ce qui ressort uniquement de la cause que j'ai embrassée.

Je reviens donc, et je n'indiquerai que deux avantages bien essentiels, qui résulteront du retour des femmes, des enfans et des vieillards.

Le premier sera une très-grande diminution de l'émigration de notre numéraire. Nous comptions au-delà de 300,002 individus sortis de France. Ils n'ont rencontré, dans leur expatriation, que la réunion de tous les maux qui peuvent abréger la vie : aussi sont-ils peut-être aujourd'hui réduits à 200,000, dont les femmes, les enfans, les vieillards font les deux tiers, et se montent à 133,000. Maintenant qu'on est redevenu trop humain pour tenir à crime l'exercice des vertus les plus douces et les plus impérieusement commandées par nos plus tendres affections, on ose convenir qu'on soupçonne que ces 133,000 victimes sont annuellement plus ou moins secourues par les sacrifices pécuniaires de leurs familles, qui, quoique dépouillées elles-mêmes, savent encore soustraire quelques sommes à leurs propres besoins, et les échapper dans leur passage à la barrière, aux inquisitions des agens du gouvernement. Or, ces sommes, ne fussent-elles l'une dans l'autre que de 400 livres, c'est bien peu si l'on considère à quel prix peuvent vivre ces malheureux, qui n'ont pas eu jusqu'à présent la faculté de respirer en repos six mois de suite dans un même lieu : eh bien ! ces 400 l. multipliées par 133,000, donnent 54,200,000, dont l'exportation de notre numéraire se trouvera diminuée.

Le second avantage, s'il ne peut être soumis au calcul comme le précédent, ne sera pas moins apprécié par les esprits justes, et pas moins sentis par les ames honnêtes. C'est celui, peut-être incommensurable, de changer la nature des sentimens dans un si grand nombre de familles dont les cœurs sont justement ulcérés. Déjà l'espérance y pénètre, et elle adoucit un peu l'amertume de leurs longues souffrances : mais ce n'est rien auprès de l'effet prompt, immanquable et total qu'opérera dans chacune le retour de l'objet aimé ; d'un objet devenu mille fois plus cher par tout ce qu'il a de soupirs, de regrets, de desirs ; par toutes les persécutions, les supplications, les cruautés dont il a été le prétexte. Si vous connoissez le cœur des malheureux, vous savez comme moi qu'une seule consolation y compense mille peines; vous savez que l'instant où la joie et la tendresse y versent leur inexprimable nectar, est celui qui voit s'anéantir les plus vifs ressentimens : vous savez que sur ces cœurs ainsi restaurés par un rayon de bonheur, ces souvenirs mêmes n'ont plus de prise, la haîne n'a plus d'accès. Ils ont désespéré si longtemps ! L'objet que vous leur restituez les porte vers la reconnoissance; ils ont besoin de l'éprouver, ils s'y livrent, et vous les avez déjà plus qu'à moitié gagnés.

Achevez, Législateurs: après ce premier bienfait, tournez vos soins paternels vers la restauration des fortunes. Il est, j'en suis sûr, il est dans votre sagesse des trésors de combinaisons heureuses, qui embrassent et sauvent à la fois la propriété de la victime, et les avances des acquéreurs de ses biens. Que l'une sache s'abandonner à moindres pertes : que l'autre se contente de ne rien perdre ; que le fisc, qui a profité de tout, et le gouvernement qui ne peut vouloir que la prospérité de chacun sous un règne d'équité, entrent dans tous les intérêts . . . . . . Mais que fais-je ? j'indique presqu'un plan, tandis que notre confiance doit être toute entière dans les votres. (1)

En attendant que vos lois aient pu pourvoir à tous les actes de justice, et que les moyens aient pu vous permettre de tenir compte de tous les droits et de tous les besoins, ne soyez pas inquiets

---

(1) M. de Lally-Tolendal a promis une seconde partie à sa défense des émigrés, et sûrement cet objet y sera traité de façon à le dégager de beaucoup d'embarras. Il a annoncé qu'il s'en occupoit.

de la subsistance au milieu de nous, des 133,000 fugitifs que nous vous redemandons: chaque famille ira au-devant d'eux avec transport : chacune les forcera d'accepter un peu de ce qui lui reste ; toutes se trouveront assez fortunées pour leur offrir un secours ; le nécessaire saura s'amoindrir, et la tendresse multipliera les ressources. Il n'est plus parmi nous de parens éloignés, de parens indifférens : tous contribueront au moins momentanément. Heureux de coopérer ainsi à l'œuvre la plus précieuse et la plus ardemment desirée !

Sans doute on n'opposera pas la charte constitutionnelle à la reclamation dont j'espère avoir démontré la légitimité ! Toute la France sait que les décrets de mort (2) et de spoliation lancés contre

---

(1) Je m'étois presque engagée à démontrer que tous ces décrets ont été rétroactifs ; qu'ils ont frappé d'une peine imprévue des actions non précédemment défendues. Mais qui ne le sait ? ce seroit allonger inutilement cet ouvrage. Convaincre par preuves un reste des dominateurs d'alors d'avoir été aussi fourbes que cruels, ce ne seroit rien faire de neuf; ce n'est plus la peine à présent.

les émigrés, ne comprenoient dabord dans leurs expressions ni les femmes, ni les enfans. Lorsqu'ils furent prononcés, un reste de caractère français non encore effacé, obligea leurs promoteurs à ne point les nommer : on se fut alors encore indigné contre l'impudeur d'une puisance tyrannique qui auroit placé sous le glaive d'une immense proscription politique, *nominalement* ce qu'il y a de plus innocent dans la société des enfans, des femmes, des vieillards ! . . . . . On ne l'osa donc pas. Mais aussi, quelques députés, qui soupçonnèrent l'intention, demandèrent-ils en vain qu'on les exceptât formellement : leur motion fut éludée, et par suite de l'accroissement du formidable colosse révolutionnaire, et de l'abattement successif de la nation, quelques mois de plus donnèrent aux Robespiere, aux Collot d'Herbois et à leurs suppôts, la hardiesse de confondre tous les fugitifs dans une même classe, de les signaler tous comme coupables, de diriger la foudre contre tous, et d'envahir toutes leurs propriétés.

Ce que n'ont osé proposer au mois de

Mars 1792 des hommes qui fermentoient tous les crimes, et qui déjà les transpiroient par tous leurs pores, notre constitution, qui, au contraire, ne témoigne dans chacun de ses articles que l'intention de la plus *scrupuleuse* justice, et la garantie des droits naturels de tous les Francais, qui ne semble avoir de prévoyance que pour arracher le foible aux mains avides du puissant : qui ne témoigne à chaque page que sollicitude pour l'opprimé, que dessein d'anéantir, de réparer, de tarir toutes les iniquités : notre constitution, dis-je, le prononceroit, le sanctionneroit, le consolideroit, le rendroit sans recours et sans remèdes ?. . . . . . .Ils sont bien ses ennemis ceux, qui ont l'audace d'entreprendre de lui prêter ainsi leur sombre malveillance ! ils veulent la rendre malgré elle complice de la continuité de leurs fureurs; ils veulent la déshonorer.

Dans l'émigration, comme dans toute autre action quelconque, la constitution n'a voulu, n'a pu, ne veut et ne peut condamner que ce qu'il y a eu de criminel. Ce n'est point le simple fil de la sortie du territoire qu'elle veut punir, mais bien et seulement le crime dans l'émigration s'il y a existé. C'est là l'unique, le vrai sens de sa volonté. Où il y a eu émigration sans crime, il n'y a rien à punir.

En désignant les coupables sous le nom d'*émigrés*, la constitution a sévèrement borné, je n'en doute pas, l'étendue de l'expression à la propriété du mot : or, ce mot est masculin ; donc il ne sauroit à lui seul désigner ni embrasser des femmes.

La constitution, quand il seroit vrai qu'on l'eût souillée, dans son esprit et dans sa lettre, du prononcé d'une condamnation absolue contre les innocens et les coupables indistinctement, ne peut être accusée d'y avoir compris les femmes, puisqu'elle se contente de dire, que la nation ne souffrira pas le retour des *Français* qui ont abandonné, etc. pas de doute qu'elle eût ajouté : *ni des Françaises*, si elle eût prétendu les englober ; car, où les femmes ne sont rien en politique, et alors on ne les nomme ni ne les confond dans une sentence politique particulière ; ou bien elles sont quelque chose d'important, et dans ce cas, une constitution les désigne, au moins par le nom générique qui peut les exprimer, lorsqu'il s'agit d'un article ou d'une loi qui n'embrasse pas la totalité des citoyens de l'empire. (1)

Le mot *émigrés* laisse à côté, et sans se

---

(1) Cette appréciation de la valeur des mots, et cet apperçu de la nécessité de la précision dans l'expression, ne sont pas si futiles que la légéreté pourroit le croire. Lorsqu'il s'agit d'appliquer une peine horrible à plus de cent mille individus de plus ou de moins, et que c'est une charte constitutionnelle qui désigne ceux qui doivent la subir, on a le droit, je pense, de borner le sens de ses paroles à la stricte signification des mots qu'elle emploie. Si elle eût nommé *les françaises*, il seroit clair qu'elle les auroit comprises : mais elle n'a nommé que les Français ; donc, elle est restée en silence sur le fait des femmes, et ce silence les sauve. La constitution n'est point comme les décrets de la montagne, une épée à dix tranchans ; elle ne foudroye pas de la même batterie le connu et l'inconnu, ce qu'elle nomme et ce qu'elle ne nomme pas. On objectera peut-être que *l'usage* a prévalu d'entendre sous le mot *émigré* les hommes et les femmes également ; l'usage ! l'usage de juger, condamner, fusiller et noyer en masse avoit aussi prévalu parmi nous. Ne citons point les funestes usages qu'une courte habitude, la logique révolutionnaire nous a si malheureusement inoculés ; ils ne peuvent rien justifier.

mélanger à lui, le nom de *fugitifs*, qui s'applique naturellement et convient exclusivement à tout ce qui est sorti de France dans l'unique vue et par la nécessité de *fuir* la persécution ou les dangers. Dans cette sorte d'émigration (je crois que nous en sommes tous d'accord aujourd'hui) on ne sauroit trouver de crime : or encore, la constitution n'ayant point parlé des simples fugitifs, elle a laissé à la législature toute la latitude possible de la liberté d'être juste envers eux. Ils n'ont point abandonné leur pays; ils en ont été chassés par la mort qui les poursuivoit. Le mot *abandonné* indique liberté dans l'action et jouissance de ne la faire pas. (1)

Résumons-nous. 1°. S'il est rigoureusement démontré à tout esprit juste, à tous les cœurs exempts du venin révolutionnaire, que la constitution n'a voulu désigner et proscrire dans la sortie de notre territoire que les desseins coupables, *que*

---

(1) Ceux qui ont abandonné, et ceux qui ont fui, forment donc deux classes distinctes par le fait comme par le droit ; et la constitution ne parle que de ceux qui ont *abandonné*. Abandonner et fuir, sont actions bien différentes.

le crime dans l'émigration, il en résulte que, loin d'enchaîner le législateur à côté du champ de l'équité, elle le lui a livré tout entier à défricher.

2°. S'il est vrai que des femmes persécutées, ou menacées, ou seulement effrayées, avoient au moins le droit naturel accordé à la foiblesse qui ne peut combattre, celui de fuir ; si leur nullité et leur insignifiance politique sont d'éternels garans de celles de leurs actions, il suit *incontestablement* que la constitution ne les a pas comprises dans sa pensée, et que la législature a *l'incontestable* droit de les rendre aux vœux de toutes les familles, à ceux de tous les Français.

3°. Si l'impuissance politique est prouvée quant aux femmes, et doit motiver en leur faveur le décret de retour, l'innocence personnifiée sur la terre dans les enfans, dispense de toute discussion, et ne laisse lieu pour nos législateurs qu'à un seul mouvement, celui d'ouvrir leurs bras pour les recevoir. J'ose indiquer seulement à leur indulgence cette courte réflexion : Jusqu'à seize ans, l'enfant n'est rien par lui-même, sa mère est encore son guide, sa main n'a pas quitté la sienne ; et si l'amour maternel s'inquiète, tremble, frémit, il entraîne l'enfant docile : leur fuite n'a qu'une même intention, celle de courir loin du danger.

4°. S'il n'est malheureusement que trop vrai que l'approche des dernières années de la vie jette tous les hommes dans un état plus ou moins semblable à celui de leurs premiers ans ; s'il est vrai qu'avant même l'extrême caducité, l'abaissement de leurs facultés ne leur laisse que la foiblesse, on en conclud sans doute avec moi qu'il est une innocence pour la vieillesse comme pour l'enfance, et que la constitution, qui n'a entendu anéantir, pour aucune sorte d'individus le droit à la justice, laisse encore à nos législateurs celui de restituer à la patrie tant de vieillards, qui, je l'ose dire, ont trop mérité d'elle pour que son sein les repousse et leur soit plus long-temps fermé.

5°. Si enfin (qu'on me pardonne le peu de lignes que je vais ajouter), il est prouvé que dans la masse d'émigrés dont j'ai laissé la cause toute entière entre les mains de M. de Lally Tolendal, il y a un nombre prodigieux de simples fugitifs, la constitution délègue aux tribunaux le soin de les distinguer. 1°. Elle veut qu'il n'y ait plus de crimes imaginaires, qu'il n'y ait de crime attribué qu'au véritable délit; 2°. elle veut ensuite que le délit soit constant; 3°. elle veut qu'il n'y ait point de condamnation sans jugement; 4°. elle prononce que nul ne peut être jugé qu'après avoir été entendu ou légalement appelé; 5°. elle statue que nul ne peut être mis en justice que selon les formes prescrites par la loi; 6°. elle exige qu'en matière de délits importans, peine afflictive ou infamante, nulle personne ne puisse être jugée que sur une accusation admise par les jurés. — Cette constitution, dis-je enfin, loin de tout confondre sous une dénomination dont les méchans s'efforcent en vain de généraliser le sens, impose majestueusement à la législation le devoir de mettre les tribunaux en possession de toutes les causes, et à tous les tribunaux, celui d'examiner scrupuleusement les actions qui en font la matière jusques dans leurs motifs, jusques dans leurs intentions et dans leurs suites, afin de n'appliquer la peine d'aucune loi qu'au seul coupable, et d'en dégager l'innocent. (1).

Peuple Français, en finissant cet écrit, auquel je suis loin de croire d'autre mérite que celui de ma vive intention, ni d'autre valeur que celle que tu donneras toi-même en étayant mes efforts par les tiens, je ne pense assurément pas avoir parcouru toute l'étendue de mon sujet, ni l'avoir traité de manière à ne laisser rien à dire ni à desirer. Mais le temps me presse; je compte avec mon cœur les soupirs de tous ces êtres souffrans, qui ont dû concevoir comme nous un rayon d'espérance à l'aspect de notre législature nouvelle. L'espoir est de sa nature impatient : qu'est-ce quand il a pour compagnons les derniers efforts de la constance prête à céder aux dernières atteintes du mal-aise et des besoins ! Je sens donc que les momens que j'em-

---

(1) On peut assez me rendre la justice de penser qu'en me réduisant à ce raisonnement, je laisse à M. de Lally-Tolendal à remporter une autre victoire ; et que, si je ne comptois pas sur la conviction générale qu'il entraîne, j'espérerois encore tout de notre caractère national.

ployerois à multiplier les argumens, ou les rechercher, ou même à corriger les négligences de mon style, me devroient être reprochés, et j'abrège.

Peuple généreux, que cet écrit, tout imparfait qu'il est, arrive sous tes auspices jusqu'à nos Législateurs, et dis leur : que ce ne sont point les Français dont les mœurs furent toujours si remplies d'urbanité, si brillantes de noblesse, si séduisantes de galanterie, qui abandonneront les femmes de leur nation à la merci, que dis-je ! à la pitié des peuples étrangers. (1)

---

(1) Les Romains enlevèrent des femmes chez des nations étrangères pour multiplier leur race ; mais jamais ils ne livrèrent les leurs ni à leurs voisins ni à leurs ennemis. Jamais non plus, quelques fussent leurs guerres et leurs révolutions, ils ne les comptèrent pour quelque chose dans leurs sanglantes querelles : encore moins imaginèrent-ils de les proscrire par cent milliers.

FIN.

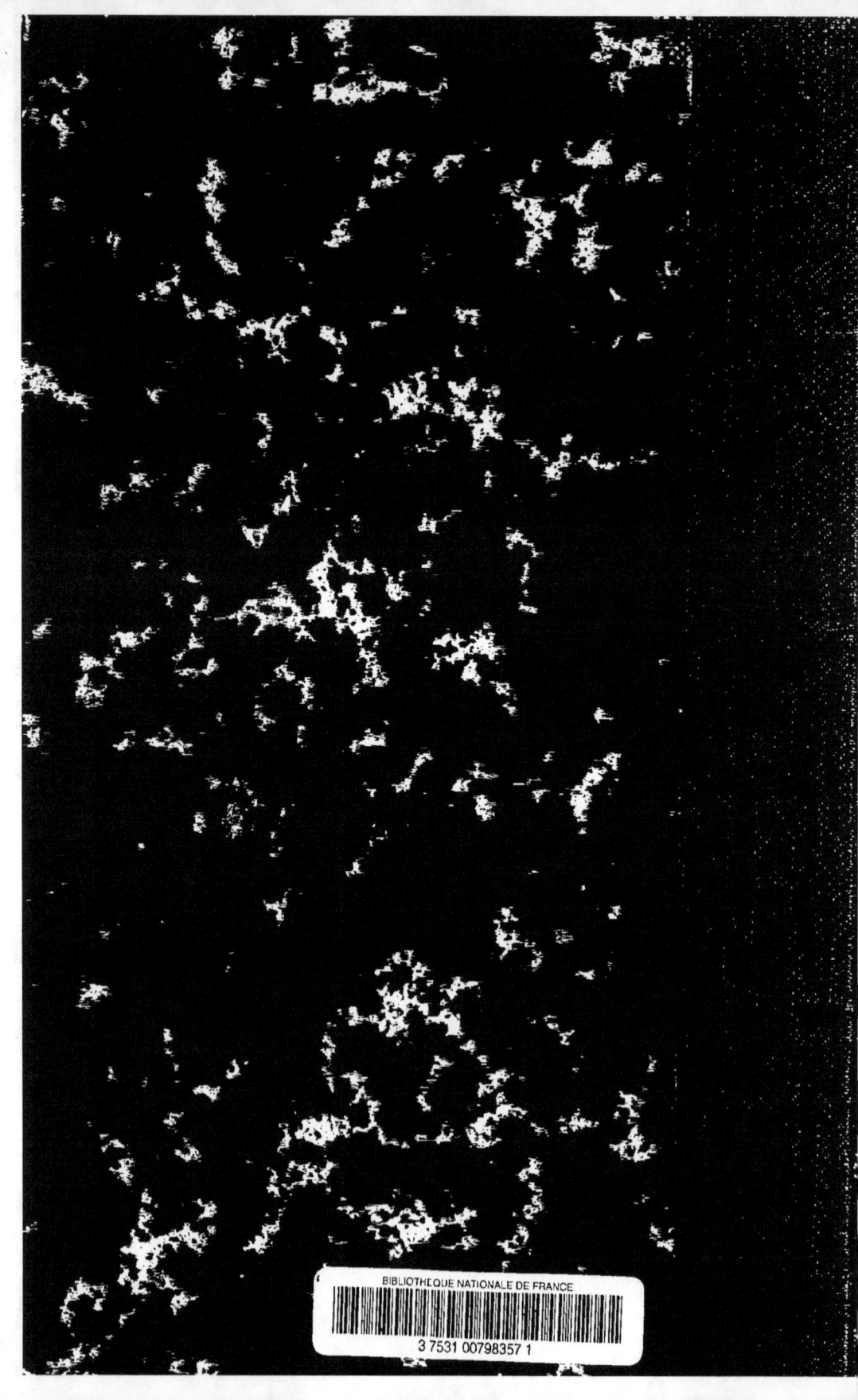

www.ingramcontent.com/pod-product-compliance
Lightning Source LLC
LaVergne TN
LVHW050605090426
835512LV00008B/1346